U0773154

董国兴 编著

运动健康100分
YunDongJianKang100Fen

八式 十六式

太极拳

人民体育出版社

图书在版编目（CIP）数据

八式 十六式太极拳 / 董国兴编著. --北京：人民
体育出版社，2021
（运动健康100分）
ISBN 978-7-5009-5817-8

Ⅰ.①八⋯ Ⅱ.①董⋯ Ⅲ.①太极拳－基本知识
Ⅳ.①G852.11

中国版本图书馆 CIP 数据核字（2020）第093025号

参编人员：高　翔　丁亚丽　高　飞
　　　　　郭成敏　高　绅　李梦瑶

*
人民体育出版社出版发行
北京新华印刷有限公司印刷
新　华　书　店　经　销
*
880×1230　32开本　3.5印张　84千字
2021年6月第1版　　2021年6月第1次印刷
印数：1—2,500册
*
ISBN 978-7-5009-5817-8
定价：29.00元

社址：北京市东城区体育馆路8号（天坛公园东门）
电话：67151482（发行部）　　邮编：100061
传真：67151483　　　　　　　邮购：67118491
网址：www.sportspublish.cn
（购买本社图书，如遇有缺损页可与邮购部联系）

指导太极拳世界冠军马建超

指导女子武术锦标赛冠军李玉珠

作者与太极拳世界冠军马建超同台领奖

作者带队参加2018年中央电视台春节联欢晚会《双雄会》节目录制

2010年出访巴西表演太极拳

本书演示者甘泉获2016年全国武术套路冠军赛套路武术套路冠军赛（传统项目）武术套路冠军赛演练式太极拳第一名

甘泉在2018年中央电视台春节联欢晚会《双雄会》节目中表演太极拳

参加2013年《直通春晚·太极梅花桩》节目

甘泉获2017年全国武术套路冠军赛太极拳金牌

八式 十六式太极拳简介

　　八式太极拳，也叫"一段拳"，是中国武术段位制初段位技术规定教程的一段太极拳，即初段位中的一段考评套路。

　　八式太极拳全部取自杨式大架太极拳，选编了杨式大架中最为主要的基础动作。不算起势与收势，只有8式，练法简单，便于掌握，非常适合太极拳初学者。

　　八式太极拳重在上肢技法，基本上都是由原地左右对称的单个动作组成，占用场地很小；打一套八式太极拳，按中等速度，两分钟左右即可完成，用时很短。故也被人称为"办公室太极拳"，是一套练习方便、行之有效的健身套路。

　　十六式太极拳，是中国武术段位制初段位技术规定教程的二段太极拳。

　　十六式太极拳，是在八式太极拳的基础上，增加了进、退、侧行等步法编创而成，即把八式太极拳的原地运动变成了行步运动。套路难度不大，动作也不多，算上起势与收势共16式，重点突出，易学易记，具有良好的养生健身功效。

十六式太极拳，动作柔和平稳，练起来轻松自如，可使人掌握太极拳行步演练的基本方法和要领。其中还有3个反向演练的动作，即左白鹤亮翅、左海底针、左闪通背，这是其他太极拳套路中所没有的。

目　录

第一章 八式太极拳

一、卷肱式

【练法】

（一）起势

1. 身体直立，两脚并拢，两腿伸直；两臂下垂，手指微屈，两手垂于大腿外侧；头颈正直，胸腹放松，下颌微收，口闭齿扣。精神集中，呼吸自然，双眼平视。（图1-1-1）

2. 左脚向左分开半步，两脚平行向前，间距与肩同宽，成开立步。（图1-1-2～图1-1-4）

图1-1-1   图1-1-2

图1-1-3　　　　　　　　　图1-1-4

（二）卷肱式

3.两臂慢慢向前平举，与肩同高、同宽。两臂自然伸开，肘关节向下微垂，两手心向下，指尖向前。（图1-1-5）

图1-1-5

4.两腿慢慢屈膝半蹲，重心落于两腿之间，成马步；同时，两掌轻轻下按，至腹前与膝相对，上体舒展正直。两眼平视。（图1-1-6、图1-1-7）

5.上体右转，左手外旋，向前伸举，掌心向上，指尖向前；同时，右手外旋翻转，向右、向后、向上划弧托至右后方，高与耳齐，掌心斜向上，指尖斜向右后。目视右掌。（图1-1-8、图1-1-9）

图1-1-6

图1-1-7

图1-1-8

图1-1-9

6. 上体左转，右手屈臂收至右耳侧，掌心斜向下，指尖斜向上。（图1-1-10）

7. 上动不停，右手经左掌上方向前推出，掌心向前，指尖向上，高与肩平；同时，左手回收左腰间，掌心向上，指尖斜向前。（图1-1-11～图1-1-13）

图1-1-10

图1-1-11

图1-1-12

图1-1-13

8. 上体左转，左掌向左、向后、向上划弧，托至左后方，高与耳齐，掌心斜向上，指尖斜向右后；同时，右手外旋翻转，掌心向上，指尖斜向前。目视左手。（图1-1-14）

9. 上体右转，左手屈臂收至左耳侧，掌心斜向下，指尖斜向上。（图1-1-15）

10. 上动不停，左手经右掌上方向前推出，掌心向前，指尖向上，高与肩平；同时，右手回收至右腰间，掌心向上，指尖斜向前。目视左手前方。（图1-1-16）

图1-1-14

图1-1-15

图1-1-16

【要点】

1. 向左开步时，身体不要左右摇晃。

2. 两臂前举和下按时，两肘尖不要外撑、上扬，两肩不要上耸。

3. 屈膝下蹲时，上体不要前俯或后仰。

4. 手臂前举和两掌下按时，腕关节不要过于松软，以免造成"折腕"错误。

二、搂膝拗步

【练法】

1. 重心右移，右掌向右、向上划弧，掌心向上；左掌向右、向下划弧，掌心向下。（图1-2-1）

2. 左脚收至右脚内侧，上体左转；右臂屈肘，右手收至耳旁，掌心斜向前；左手向下划弧至腹前。（图1-2-2）

图1-2-1   图1-2-2

3.上体继续左转，左脚向前上步，脚跟轻轻落地。随即，重心前移，成左弓步；右手立掌向前推出，腕高平肩；左手搂过左膝前，按于左胯旁。（图1-2-3~图1-2-5）

图1-2-3

图1-2-4

图1-2-5

4. 重心后坐，左脚脚尖内扣；左掌翻转，向上划弧托起，屈肘与面平高；右掌向下划弧收至左肘内侧。（图1-2-6、图1-2-7）

5. 上体右转，右脚收至左脚内侧；左臂屈肘，左手收至耳旁，掌心斜向前；右手向下划弧至腹前。（图1-2-8）

图1-2-6

图1-2-7

图1-2-8

6. 上体继续右转，右脚上步，重心前移，成右弓步；左手立掌向前推出，腕高平肩；右手由右膝前搂过，按于右胯旁。（图1-2-9、图1-2-10）

图1-2-9　　　　　　　　　　图1-2-10

【要点】

1. 推掌不要过直、过远，搂手不要屈肘后拉，肩、臂不要紧张，上体不要前俯。

2. 摆臂时，腰部要转动，不能单纯地抡摆两臂，动作要灵活自如。

3. 弓步横向宽度要够，上体不要紧张歪扭，重心要稳。

4. 前推、下搂的两掌与弓腿，不要顾此失彼，快慢要一致，上下要协调。

三、左右野马分鬃

【练法】

1. 重心后坐，右腿蹬伸，右脚翘起内扣；左腿屈膝；左掌向左肩方向划弧；右掌上抬。（图1-3-1）

2. 上体稍左转；右脚内扣，重心移至左腿；左掌向左、向下划弧；右掌继续上抬。（图1-3-2）

图1-3-1

图1-3-2

3. 右掌向里划弧屈抱胸前，高不过肩，肘略低于手，手心向下；左掌向下划弧屈抱腹前，手心向上，两手上下相对，如抱球状；左脚收至右脚内侧，脚尖点地。（图1-3-3、图1-3-4）

4. 上体左转，左脚向左前方迈出一步，脚跟轻轻着地；重心仍在右腿上。（图1-3-5）

5. 上体继续左转，重心前移，左脚踏实，左腿屈膝前弓；右腿自然蹬直，右脚脚跟外展，成左弓步；同时，两掌前后分开，左手分至体前，腕与肩平，手心斜向上；右手按至右胯旁，手心向下，指尖向前，两臂微屈。目视左掌。（图1-3-6）

图1-3-3   图1-3-4

图1-3-5   图1-3-6

6. 重心稍向后移，左脚脚尖翘起内扣，上体稍右转；两手准备翻转"抱球"。（图1-3-7）

7. 上体继续右转；左手翻转，手心向下，屈抱胸前；右手翻转前摆，手心向上，屈抱腹前，两手上下相对，如抱球状；重心移至左腿，右脚收至左脚内侧，脚尖点地。（图1-3-8～图1-3-10）

图1-3-7

图1-3-8

图1-3-9

图1-3-10

8. 上体稍右转；右脚向右前方迈出一步，脚跟轻轻着地。（图1-3-11）

9. 上体继续右转；重心前移，右脚踏实，右腿屈膝前弓；左腿自然蹬直，左脚脚跟外展，成右弓步；两手前后分开，右手分至体前，腕与肩平，手心斜向上；左手按至左胯旁，手心向下，指尖向前，两臂微屈。目视右手。（图1-3-12）

图1-3-11　　　　　　　　　图1-3-12

【要点】

1. 第一个野马分鬃左弓步，左脚落地时不要偏右，一定要到位。后面右弓步横向宽度要达标。

2. 弓步时，前脚脚尖不要外撇。

3. 弓步时，后脚脚跟要外展后蹬，以免造成野马分鬃挺胸、侧肩和开胯的错误。

4. 手指不要过于僵硬，也不要过于松软。

5. 动作过程中，上体不要俯仰歪斜或低头弯腰。

四、云手

【练法】

1. 上体微左转，右腿蹬伸，脚尖翘起并微向内扣，重心移至左腿；同时，左手外旋随体转向上、向右划弧；右手内旋向下、向左划弧。（图1-4-1、图1-4-2）

图1-4-1   图1-4-2

2. 上动不停，上体继续左转，右脚脚尖内扣踏实；同时，左手向上、向左划弧，经面前向左侧前方转按，左臂微屈，腕高平肩，掌尖斜向上；右手经腹部向上划弧，掌心斜向上。（图1-4-3）

3．上体左转，随即右脚提起向左脚内侧并步（两脚间距10～15厘米）；左掌按转到位；右手向上划弧至左肘内下侧，掌心斜向上。（图1-4-4）

4．上体微右转，重心移至右腿；左掌下按，与腰同高，掌心向下；右掌翻转向上、向左划弧，掌心向内，指尖斜向上。（图1-4-5）

图1-4-3

图1-4-4

图1-4-5

5. 重心移至右腿，向左开步，前脚脚掌先着地；同时，右手随体右转经面前向右侧转按，右臂微屈，腕高平肩，掌心斜向下，指尖斜向上；左手向右划弧至右肘内下侧，掌心斜向上。（图1-4-6、图1-4-7）

6. 上动不停，右脚蹬伸，重心移向左腿；同时，左手随转体向上、向左划弧；右掌向下、向左划弧。（图1-4-8）

图1-4-6

图1-4-7　　　　　　　　　图1-4-8

7.上体继续左转；同时，左手继续向左划弧，经面前向左侧前方转按，左臂微屈，腕高平肩，指尖斜向上；右手向左划弧经腹前至左肘内下侧，掌心斜向上。（图1-4-9）

8.两脚不动，重心移向右腿，右腿屈膝，左腿蹬伸；右掌向上、经面前向右划弧，掌心向内，指尖斜向上；左掌向下、向右划弧。（图1-4-10）

图1-4-9

图1-4-10

9.上体继续右转，左脚向右脚内侧收步，两腿屈膝；两掌继续划弧，右掌向右侧方转按，右臂微屈，腕高与肩平，掌心斜向外，指尖斜向上；左掌经腹前向右划弧至右肘内下侧，掌心斜向上。（图1-4-11）

10. 重心移向左腿，随即右脚向右侧横开步，上体左转；左掌向上，经面前向左侧转按，腕高与肩平；左掌向下经腹前向右、向上划弧至左肘内下侧。（图1-4-12、图1-4-13）

11. 两脚不动，重心移向右腿，右腿屈膝，左腿蹬伸；右掌向上，经面前向右侧转按，腕高与肩平；左掌向下经腹前向右、向上划弧至右肘内下侧。（图1-4-14）

图1-4-11

图1-4-12

图1-4-13

图1-4-14

【要点】

1. 侧行步时，不能出现"八字脚"，两脚也不要并拢，相距20厘米左右。

2. 眼神要随手动张弛而有变化，不能始终紧张、死板地盯着手掌。

3. 两臂要在腰脊的带动下运转，不可单纯地抡摆两臂。

4. 下肢的动作与手臂的动作要协调配合，上下不要脱节，腰胯不要扭摆。

五、金鸡独立

【练法】

1. 上体左转，重心移向左腿；右掌向右侧下划弧转按，左掌向左、向上划弧。（图1-5-1）

图1-5-1

　　2.重心完全移到左腿，随即，右腿提膝向前上提起，脚尖自然下垂，成独立步，膝高于水平；右臂微屈，右肘与右膝相对，右掌心斜向前，指尖斜向上；左掌下按至右胯外侧，掌心向下，指尖向前。（图1-5-2、图1-5-3）

　　3.左腿微屈蹲；右脚落于左脚内侧，先以前脚脚掌着地，再脚跟落地踏实；右掌随右膝同时下落按掌。（图1-5-4）

图1-5-2

图1-5-3

图1-5-4

4. 重心移到右腿，随即，左腿提膝向前上提起，脚尖自然下垂，成独立步，膝高于水平；左臂微屈，左肘与左膝相对，掌心斜向前，指尖斜向上；右掌下按至右胯外侧，掌心向下，指尖向前。（图1-5-5）

图1-5-5

【要点】

1. 要注意独立的稳定与轻灵。

2. 后脚前提不要有沉重感，脚尖不要拖地，不要突然蹬地而起。

3. 独立时，身体不要紧张，要稳，不要屈腿弓腰、小腿前伸、脚尖上翘。

4. 落脚按掌时，腰要旋转，落脚要柔和。

5. 挑掌、按掌时，臂、掌、腕不要紧张僵硬或松软无力。

六、蹬脚

【练法】

1. 右腿屈膝下蹲，右腿向下落于左脚内侧，随之重心移至左腿，右脚脚跟提起，脚尖着地；同时，左手下落左侧，与右掌同高。随即，左手与右手在腹前交捧至胸前，左手在内，掌心向内，指尖斜向右上；右手在外，掌心向内，指尖斜向上；左腿站立，右腿屈膝提起，脚尖自然下垂。（图1-6-1）

2. 接上，右脚向右前上方蹬出，脚尖勾起，力达脚跟；两手同时内旋，向左右分掌。左手分至身体左侧，与肩同高，掌心向左，指尖向上；右手分至右腿上方，与肩同高，掌心向右前，指尖向右。（图1-6-2）

图1-6-1

图1-6-2

3. 右脚自然屈膝下落，脚尖向下。（图1-6-3）

4. 右腿下落，随之重心移至右腿；左脚脚跟抬起，脚尖着地；双手自然屈肘下落，掌心向下。随即，右腿站立，左腿屈膝提起，脚尖自然下垂；双手在腹前交捧至胸前，右手在内，掌心向内，指尖斜向左上；右手在外，掌心向内，指尖斜向左上。（图1-6-4）

图1-6-3　　　　　　　　　　　图1-6-4

5. 接上，左脚向左前上方蹬出，脚尖勾起，力达脚跟；两手同时内旋，向左右分掌，右手分至身体右侧；左手分至左腿上方。（图1-6-5）

图1-6-5

【要点】

1. 单腿支撑要稳。

2. 上体不要后仰或前倾。

3. 两臂撑开不可一高一低。

4. 左腿独立不可过于弯曲。

5. 右臂和右腿上下要相应。

6. 肩部不要紧张上耸，胸部不要紧张憋气。

七、揽雀尾

【练法】

1. 左脚自然屈膝下落，脚尖向下。（图1-7-1）

2. 右腿屈膝下蹲，左脚下落至右脚内侧，双腿屈膝。

（图1-7-2）

3. 重心左移，右脚收至左脚内侧，脚尖点地；左手屈抱胸前，手心向下；右手屈抱腹前，手心向上，两手上下相对抱球。（图1-7-3）

4. 上体微右转，右脚向右前方迈出一步，脚跟轻轻落地。（图1-7-4）

图1-7-1

图1-7-2

图1-7-3

图1-7-4

5. 上体继续右转，重心前移，右脚踏实，右腿屈膝前弓，左腿自然蹬直，成右弓步；两手前后分开，右臂半屈前掤，腕同肩高，掌心向内；左手向下划弧按于左胯旁，掌心向下，指尖向前。（图1-7-5）

6. 上体稍右转；右手向右前方伸出，掌心转向下；同时，左臂外旋，左手经腹前向上、向前伸至右前臂内侧，掌心向上。（图1-7-6）

图1-7-5

图1-7-6

7. 上体左转；两手同时向下经腹前，向左后方划弧后捋。左手举于身体侧后方，与头同高，掌心向内；右臂平屈胸前，重心后移，身体后坐，左腿屈膝，右腿自然伸开。（图1-7-7、图1-7-8）

8. 上体右转，正对前方；左臂屈肘，左手收至胸前，搭于右腕内侧，掌心向前；右前臂仍屈收于胸前，掌心向内，指尖向左。（图1-7-9）

9. 重心前移，右腿屈弓，左腿自然蹬直，成右弓步；左手推送右前臂向体前挤出，与肩同高，两臂撑圆。（图1-7-10）

图1-7-7

图1-7-8

图1-7-9

图1-7-10

10. 左手翻转向下；右手经左腕上方向前伸出，掌心也转向下。两手左右分开，与肩同宽。（图1-7-11、图1-7-12）

11. 重心后移，上体后坐，左腿屈膝；右腿自然伸开，右脚脚尖翘起；两臂屈收，两手后引，经胸前收至腹前，手心斜向下。（图1-7-13、图1-7-14）

图1-7-11　　　　　　　　　　图1-7-12

图1-7-13　　　　　　　　　　图1-7-14

12. 重心前移，右脚踏实，右腿屈弓，左腿自然蹬直，成右弓步；两手沿弧线推按体前，两腕与肩同宽、同高，两掌心向前，指尖向上。（图1-7-15）

13. 重心后坐，右脚脚尖翘起内扣；左臂平拉，向左下方划弧，掌心向下；右掌心向上。（图1-7-16、图1-7-17）

图1-7-15

图1-7-16

图1-7-17

14. 右脚脚尖内扣落地，重心右移；右手屈臂抱于胸前，掌心翻转向下；左手划弧下落，屈抱于腹前，掌心转向上，两手上下相对抱球；左脚收至右脚内侧，脚尖点地。（图1-7-18）

15. 上体微左转，左脚向左前方迈出一步，脚跟轻轻落地。（图1-7-19）

16. 上体继续左转，重心前移，左脚踏实，左腿屈膝前弓，右腿自然蹬直，成左弓步；两手前后分开，左臂半屈前掤，腕同肩高，掌心向内；右手向下划弧按于右胯旁，掌心向下，指尖向前。（图1-7-20）

图1-7-18

图1-7-19

图1-7-20

17. 上体稍左转，左手向左前方伸出，掌心转向下；同时，右臂外旋，右手经腹前向上、向前伸至左前臂内侧，掌心向上。（图1-7-21）

18. 上体右转；两手同时向下经腹前，向右后方划弧后捋。右手举于身体侧后方，与头同高；左臂平屈胸前；重心后移，身体后坐，右腿屈膝，左腿自然伸开。（图1-7-22）

19. 上体左转，正对前方；右臂屈肘，右手收至胸前，搭于左腕内侧，掌心向前；左前臂仍屈收于胸前，掌心向内，指尖向右。（图1-7-23）

图1-7-21

图1-7-22

图1-7-23

20. 重心前移，左腿屈弓，右腿自然蹬直，成左弓步；右手推送左前臂向体前挤出，与肩同高，两臂撑圆。（图1-7-24）

21. 左手翻转向下；右手经左腕上方向前伸出，掌心也转向下。两手左右分开，与肩同宽。（图1-7-25、图1-7-26）

图1-7-24

图1-7-25   图1-7-26

22. 重心后移，上体后坐，右腿屈膝；左腿自然伸开，左脚脚尖翘起；两臂屈收，两手后引，经胸前收至腹前，手心斜向下。（图1-7-27、图1-7-28）

23. 重心前移，左脚踏实，左腿屈弓，右腿自然蹬直，成左弓步；两手沿弧线推按至体前，两腕与肩同宽、同高，两掌心向前，指尖向上。（图1-7-29）

图1-7-27

图1-7-28

图1-7-29

【要点】

1. 掤出时，两臂前后均要保持弧形；分手、松腰、弓腿要协调一致；弓步时，两脚脚跟横向距离不超过10厘米。

2. 下捋时，上体不可前倾，臀部不要凸出；两臂下捋须随腰旋转，仍走弧线。

3. 右脚在身体重心后移时，保持全脚掌着地。

4. 向前挤时，上体要正直。挤的动作要与松腰、弓腿一致。

5. 向前按时，两手须走曲线。完成姿势时，两肘微屈，两腕与肩齐平。

八、十字手

【练法】

（一）十字手

1. 重心右移，上体右转，右脚外展，右腿弯曲；左脚脚尖翘起，内扣下落，左腿自然蹬开；右掌向右划弧。两掌左右平举于身体两侧，掌心向前外，两肘略屈。（图1-8-1）

图1-8-1

2. 重心左移，右脚脚尖内扣，上体左转；两掌向下、向内划弧。（图1-8-2）

图1-8-2

3. 右脚内收，两脚与肩同宽，脚尖向前，成开立步，两腿屈膝。随即，上体转正；两掌交叉成斜十字形合抱，由腹前举至胸前，右掌在外，两掌心斜向内。（图1-8-3）

图1-8-3

（二）收势

4. 两前臂内旋，两掌边翻转，边平行分开，与肩同宽，掌心向前下。（图1-8-4、图1-8-5）

图1-8-4

图1-8-5

5. 两掌慢慢下落两腿外侧，两腿渐渐伸直。（图1-8-6、图1-8-7）

图1-8-6

图1-8-7

6. 左脚收至右脚旁，两脚并拢，脚尖向前；身体自然直立。（图1-8-8、图1-8-9）

图1-8-8　　　　　　　　　图1-8-9

【要点】

1. 重心移向右腿时，动作要平稳连贯，不可断劲。

2. 两掌分开时，要沉肩展臂，两肘外撑。

3. 两掌抱成十字手时，要沉肩坠肘、屈臂外撑，不要僵直或屈抱过紧。

4. 收势不可松懈、草率。两掌要慢，自然下落。收脚时，上体不要侧倒、摇晃。

第二章　十六式太极拳

一、起势

【练法】

1. 身体直立，两脚并拢，两腿伸直；两臂下垂，手指微屈，两手垂于大腿外侧；头颈正直，胸腹放松，下颌微收，口闭齿扣。精神集中，呼吸自然。双目平视。（图2-1-1）

图2-1-1

2. 左脚向左分开半步，两脚平行向前，间距与肩同宽，成开立步。（图2-1-2～图2-1-4）

图2-1-2

图2-1-3

图2-1-4

3. 两臂慢慢向前平举，与肩同高、同宽。两臂自然伸开，肘关节向下微垂，两手心向下，指尖向前。（图2-1-5、图2-1-6）

4. 两腿慢慢屈膝半蹲，重心落于两腿之间，成马步；同时，两掌轻轻下按，腹前与膝相对，上体舒展正直。两目平视。（图2-1-7）

图2-1-5

图2-1-6

图2-1-7

【要点】

1. 沉肩、垂肘、松腰、屈膝，臀部不可凸出，身体重心落于两腿中间。

2. 手指自然微屈。两臂下落与身体下蹲，要协调一致。

二、左右野马分鬃

【练法】

1. 上体稍左转；右臂屈抱右胸前，手高不过肩，肘略低于手，手心向下；左臂屈抱于腹前，手心向上，两手上下相对，如抱球状；左脚收至右脚内侧，脚尖点地。（图2-2-1、图2-2-2）

图2-2-1

图2-2-2

2. 上体左转；左脚向左前方迈出一步，脚跟轻轻着地，重心仍在右腿上。（图2-2-3）

3. 上体继续左转；重心前移，左脚踏实，左腿屈膝前弓；右腿自然蹬直，右脚脚跟外展，成左弓步；同时，两掌前后分开，两臂微屈，左手分至体前，腕高平肩，手心斜向上；右手按至右胯旁，手心向下，指尖向前。（图2-2-4、图2-2-5）

图2-2-3

图2-2-4

图2-2-5

4. 重心稍向后移，左脚脚尖翘起外撇，上体稍左转；两手准备翻转"抱球"。（图2-2-6）

5. 上体继续左转，左手翻转，手心向下，屈抱胸前；右手翻转前摆，手心向上，屈抱腹前，两手上下相对抱球；重心移至左腿，左脚踏实，右脚收至左脚内侧，脚尖点地。（图2-2-7、图2-2-8）

图2-2-6

图2-2-7

图2-2-8

6. 上体稍右转；右脚向右前方迈出一步，脚跟轻轻着地。（图2-2-9）

图2-2-9

7. 上体继续右转；重心前移，右脚踏实，右腿屈膝前弓；左腿自然蹬直，左脚脚跟外展，成右弓步；同时，两手前后分开，两臂微屈，右手分至体前，腕高平肩，手心斜向上；左手按至左胯旁，手心向下，指尖向前。目视右手。（图2-2-10）

图2-2-10

【要点】

1. 上体不可前俯或后仰，胸部应宽松舒展。

2. 身体转动时，要以腰为轴。弓步动作与分手速度要均匀一致，两臂保持弧形。

3. 弓步时，两脚横向距离应保持在10～30厘米。

三、白鹤亮翅

【练法】

1. 左脚活步移动，脚尖内扣，左脚跟抬起；两手继续向右下方划弧，再翻转抱于右胸前。（图2-3-1）

2. 左脚脚跟落地，重心左移，上体左转；两手边分边举至左肩前。（图2-3-2）

图2-3-1   图2-3-2

3. 上体右转，右脚抬起向前缓上半步；左掌上抬；右掌向下划弧搂膝。（图2-3-3）

图2-3-3

4. 右脚脚尖落地；两手左上、右下划弧分开，左掌提至左额前，掌心向内；右掌按于右胯旁，掌心向下，两臂保持弧形。（图2-3-4）

图2-3-4

【要点】

1. 身体重心后移时，左手上提、右手下按要与腰部转动协调一致。

2. 完成姿式时，胸部不要挺出，两臂上下都要保持半圆形，右膝微屈。

四、搂膝拗步

【练法】

1. 上体微右转；左手随之向右划弧自头前下落。（图2-4-1）

2. 左手向左、向上划弧，举至身体左前方，高与肩平；右手摆至左肋旁；右脚收至左脚内侧。（图2-4-2）

图2-4-1

图2-4-2

3. 上体右转，右脚向前上步；左臂屈肘，左手收至耳旁，手心斜向前；右手向右、向下划弧至腹前。（图2-4-3）

图2-4-3

4. 重心前移，成右弓步；左手立掌向前推出，腕高平肩；右手由右膝前搂过，按于右胯旁。（图2-4-4）

图2-4-4

5. 重心稍后移，右脚脚尖外撇，上体右转；左手随之向右划弧，右掌上托。（图2-4-5）

6. 左脚收至右脚内侧；右手向上划弧至右前方；左手向下划弧至右肋旁。（图2-4-6、图2-4-7）

图2-4-5

图2-4-6

图2-4-7

7. 上体左转，左脚向前上步，脚跟轻轻落地；右臂屈肘，右手收至耳旁，掌心斜向前；左手向下划弧至腹前。（图2-4-8）

图2-4-8

8. 重心前移，成左弓步；右手立掌向前推出，腕高平肩；左手由左膝前搂过，按于左胯旁。（图2-4-9）

图2-4-9

【要点】

1.重心转换时，上体不可前俯或后仰，要松腰、松胯。

2.推掌时，要沉肩垂肘，同时与转腰、弓腿上下协调一致。

3.弓步完成时，两脚脚跟的横向距离保持30厘米左右。

五、进步搬拦捶

【练法】

1.上体慢慢后坐，身体重心移至右腿，左脚脚尖翘起。身体左转，左脚随身体左转向外摆约45°；左掌向左外划弧，右掌向右外划弧。（图2-5-1）

2.重心前移，左脚踏实；右脚上步，收至左脚内侧；右掌下落变拳，收至左臂下方。（图2-5-2~图2-5-4）

图2-5-1

图2-5-2

图2-5-3　　　　　　　　　　　　图2-5-4

3. 右脚向前上步，脚跟着地，脚尖外撇；右拳随之经左臂内侧向前翻转搬出，定势时拳心向上，高与肩平；左掌顺势按至左胯旁。（图2-5-5）

图2-5-5　　　　　　　　　　　　图2-5-5附图

4. 重心前移，上体右转；右拳外翻向右划弧，左掌向右平拦。（图2-5-6）

5. 左脚收于右脚内侧；右前臂内旋，右拳向右划弧至体侧；左前臂外旋，左掌向左、向前划弧至体前。（图2-5-7）

6. 左脚向前上一步，脚跟落地；右拳收于腰间，拳心向上；左掌翻转斜向下，拦于体前。（图2-5-8）

图2-5-6

图2-5-7

图2-5-8

7. 重心前移，成左弓步；右拳向前打出，拳眼转上，高与胸平；左掌收于右前臂内侧。（图2-5-9、图2-5-10）

图2-5-9

图2-5-10

【要点】

1. 右拳不要握得太紧，向前打拳时上体不可前俯，右肩随拳略向前引伸，沉肩垂肘，右肘微屈。

2. 弓步时，两脚脚跟横向距离不超过10厘米。

六、如封似闭

【练法】

1. 左掌从右前臂下穿出，掌心向上；右拳随之变掌，掌心也转向上。（图2-6-1）

2. 两掌平分，与肩同宽，掌心向上。（图2-6-2）

图2-6-1   图2-6-2

3. 上体后坐，重心后移，左脚脚尖上翘；双掌收至胸前，下按至腹前，与肩同宽，掌心向下。（图2-6-3、图2-6-4）

4. 重心前移，左脚踏实，左腿屈弓，右腿自然蹬直，成左弓步；两手沿弧线推按至体前，两腕与肩同宽、同高，两掌心向前，指尖向上。（图2-6-5）

图2-6-3　　　　　　　　图2-6-4

图2-6-5

【要点】

1. 身体后坐时，上体不可后仰或凸臀前俯。

2. 两臂随身体回收时，肩、肘部略向外松开，不要直着抽回。

3. 两手推出宽度不要超过两肩。

七、单鞭

【练法】

1. 身体右转，右脚外摆，左脚内扣成右弓步；同时，右手向右平摆划弧至右侧方，腕高平肩；左手松腕向下、向右、向上划弧，至右臂下，手心斜向上。（图2-7-1、图2-7-2）

图2-7-1

图2-7-2

2. 身体重心移至右腿，左腿收至右脚内侧，脚尖点地；同时，右掌变勾手，勾尖向下；左手划弧至右肩前。（图2-7-3）

3. 上体微向左转，左脚向左前方迈出，左脚脚跟落地；左臂继续左转慢慢内旋，左手翻转，掌心向内，指尖向上。（图2-7-4）

4. 上体继续左转，成左弓步；在身体重心移向左腿的同时，左掌前推，腕高平肩，左肘微屈。（图2-7-5）

图2-7-3

图2-7-4

图2-7-5

【要点】

1. 上体保持正直。

2. 左手向外翻掌前推时，要与转体协调一致。

3. 完成姿势时，两肩下沉，右肘稍垂，左肘尖与左膝尖上下相对。

八、手挥琵琶

【练法】

1. 右脚向前收拢半步，前脚脚掌轻落于左脚后，与左脚相距约一脚长；左掌向左下方划弧；右勾变掌，向前伸展，腕关节放松。（图2-8-1）

2. 重心后移，右脚踏实，左脚上步，上体右转；左手向左、向上划弧摆至体前，手臂自然伸开；右手屈臂后引，收至腹前。目视左手。（图2-8-2）

图2-8-1　　　　　　　　图2-8-2

3.上体稍向左回转，左脚脚跟着地，成左虚步；两臂外旋，屈肘合抱，两手前后交错，侧掌合于体前。左手腕高平肩，掌心向右；右手与左肘相对，掌心向左，两臂如抱琵琶。（图2-8-3）

图2-8-3

【要点】

1.右脚提步时，脚跟先离地，然后轻轻将全脚提起。

2.落步时，先以前脚脚掌着地，随重心后移再慢慢踏实全脚。

3.完成虚步合手时，两臂要有合劲。

4.整个动作过程，身体要保持自然、平稳。

九、左右倒卷肱

【练法】

1. 上体稍右转；两手翻转向上，右手随转体向下经腰侧向后上方划弧，右臂微屈；左手翻转停于体前；头随身体转动。（图2-9-1、图2-9-2）

图2-9-1   图2-9-2

2. 上体稍左转，左脚提收后退一步；右臂屈卷，右手收至肩上耳侧，掌心斜向下；左手开始后收。（图2-9-3）

3. 上体继续左转，重心后移，左前脚脚掌轻轻落地，随即踏实；右脚以脚掌为轴扭直，右膝微屈，成右虚步；右手推至体前，腕高平肩，掌心向前；左手向后、向下划弧，收至左腰侧，手心向上。（图2-9-4、图2-9-5）

图2-9-3

图2-9-4

图2-9-5

4. 上体稍左转；左手向左后上方划弧，与头同高，掌心向上，左臂微屈；右手翻转停于体前；头随身体转动，目视左手。（图2-9-6）

图2-9-6

5. 上体稍右转；右脚提收后退一步；左臂屈卷，左手收至肩上耳侧，掌心斜向下；右手开始后收。（图2-9-7）

图2-9-7

6.上体继续右转，重心后移，右脚踏实；左脚以脚掌为轴扭直，左膝微屈，成左虚步；左手推至体前，腕高平肩，掌心向前；右手向后、向下划弧，收至右腰侧。（图2-9-8、图2-9-9）

图2-9-8

图2-9-9

【要点】

1. 退步时，前脚脚掌先着地，然后全脚踏实。重心后移要做到虚实转换清楚，身体不可上下起伏。

2. 两脚要保持约10厘米的横向距离，避免两腿交叉、重心不稳。

十、左右穿梭

【练法】

1. 上体右转，左脚内扣，随即身体重心移至左腿，右脚随身体右转轻轻外旋提起；同时，右臂内旋翻掌向上划弧，平屈胸前，手心向下；左手向下、向右划弧至腹前，手心向上，两手掌心上下相对成抱球状。（图2-10-1~图2-10-4）

图2-10-1

图2-10-2

图2-10-3

图2-10-4

2.身体继续向右转，重心移于左腿；右脚提起，向右上步转脚，脚跟先落地；双掌仍成抱球状。（图2-10-5）

3.身体重心移至右腿，随即左脚提起，经右脚内侧向左前方迈出，脚跟着地；同时，左手向上，经面前翻掌举于左额前，手心斜向上。（图2-10-6~图2-10-8）

图2-10-5

图2-10-6

图2-10-7

图2-10-8

4. 身体左转，重心移于左腿，左脚落地踏实，左腿屈膝慢慢向前弓出，成左弓步；右掌经胸前向体前推出，掌心向前，指尖向上，腕与肩平；左掌翻掌向上，举架于左额前上方，掌心向前。（图2-10-9）

5. 身体后坐，两掌向右下落。随即，重心前移，左脚踏实，右脚提收于左脚内侧；左臂平屈胸前，掌心向下；右掌向下、向里划弧至腹前，两掌成抱球状。（图2-10-10～图2-10-12）

图2-10-9 　　　　　　　图2-10-10

图2-10-11 　　　　　　　图2-10-12

6. 身体右转，重心移于左腿；右脚经左脚内侧迈出，脚跟先落地，脚尖翘起；同时，右手向上经脸前翻掌举于右额前，手心斜向上；左手向左下落。（图2-10-13）

7. 身体右转，重心移于右腿，右脚落地踏实，右腿屈膝慢慢向前弓出，成右弓步；左掌经胸前向体前推出，掌心向前，指尖向上，腕与肩平；右掌翻掌向上，举架于右额前上方，掌心向前。（图2-10-14）

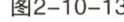

图2-10-13　　　　　　　　图2-10-14

【要点】

1. 完成姿势时，面向斜前方约30°角（如面向南起势，左右穿梭方向分别为正西偏南和正西偏北），上体不可前俯或左右倾斜。

2. 手向上举时，要防止引肩上耸。一手上举、一手前推要与弓腿、松腰上下协调一致。

十一、海底针

【练法】

1.身体微向左转，左脚收提；右掌下落，掌心向下；左掌下按。（图2-11-1）

图2-11-1

2.身体左转，重心移于左腿，右脚上半步；左掌上提；右掌下按，掌心向下。（图2-11-2、图2-11-3）

3.身体右转，成虚步；左手由左耳旁斜向前下方插出，掌心向右，指尖斜向下；右手向前、向下划弧落于右胯旁，手心向下，指尖向前。（图2-11-4）

图2-11-2　　　　　　　　图2-11-3

图2-11-4

【要点】

1. 身体要先向左转，再向右转。

2. 上体不可太过前倾，避免低头、弓腰和凸臀。右膝微屈。

十二、闪通背

【练法】

1. 上体恢复正直，右脚收半步；左手上提身前，指尖向前，掌心向左；右手屈臂收举，指尖贴近左腕内侧。（图2-12-1）

图2-12-1

2. 上体右转，右脚向前上步，脚跟着地；两手内旋分开。（图2-12-2）

3. 上体右转，重心前移，成右弓步；右手推至体前，腕高平肩；左手撑于头侧上方，掌心斜向上，两手前后分展。（图2-12-3）

图2-12-2

图2-12-3

【要点】

1. 完成姿势时，上体自然正直，腰胯松沉；左臂不要完全伸直，背部肌肉要伸展开；推掌、举臂和弓腿要协调一致。

2. 弓步时，两脚脚跟横向距离不超过10厘米。

十三、云手

【练法】

1. 上体左转，左脚脚尖外摆，右脚脚尖内扣，身体重心移至左腿；同时，左手由上向左、向下划弧至身体左侧平举，指尖向上，掌心向外；右手向下，经腹前向左上云转。（图2-13-1）

图2-13-1

2. 上体再向右转；同时，右手向上、向右划弧至身体右侧平举；左手向下，经腹前向右上云转，随之左脚提收于右脚左侧，成小开立步（两脚内侧距离约10～20厘米）。（图2-13-2、图2-13-3）

图2-13-2

图2-13-3

3. 身体左转，重心移至左腿，右脚提起向右侧横跨一步，前脚脚掌先落地；左掌向上、向右划弧，掌心向内，指尖向上；右掌向下划弧，掌心斜向下。（图2-13-4）

图2-13-4

4.上体左转，重心移于左腿；左掌继续向左划弧平举于身体左侧前，掌心向外，指尖向上；同时，右掌经腹前向左上划弧，掌心斜向上，指尖向左。（图2-13-5）

5.上体慢慢右转，右手经脸前向右侧云转，手心渐渐向右；左手向下，经腹前向右上划弧，手心斜向上；身体重心逐渐移至右腿，随之左脚提收于右脚左侧，成小开立步。（图2-13-6、图2-13-7）

图2-13-5

图2-13-6

图2-13-7

【要点】

1.身体转动要以腰背为轴，腰胯放松，不可忽高忽低，或左右摇摆。

2.两臂随腰的转动而运动，要自然圆活，速度要缓慢均匀。

3.下肢移动时，重心要稳定，两脚脚掌依次着地再踏实，脚尖向前。

4.第二个"云手"，左脚并步时，脚尖微向里扣，便于连接下动。

十四、左右揽雀尾

【练法】

1.左腿屈膝，重心左移；右脚收至左脚内侧，脚尖点地；左手屈抱胸前，手心向下；右手屈抱腹前，手心向上，两手上下相对"抱球"。（图2-14-1）

图2-14-1

2. 上体微右转，右脚向右前方迈出一步，脚跟轻轻落地。（图2-14-2）

图2-14-2

3. 上体继续右转，重心前移，右脚踏实，右膝前弓；左腿自然蹬直，成右弓步；两手前后分开，右臂半屈前掤，腕同肩高，掌心向内；左手向下划弧按于左胯旁，掌心向下，指尖向前。（图2-14-3）

图2-14-3

4. 上体稍右转；右手向右前方伸出，掌心转向下；同时，左臂外旋，左手经腹前向上、向前伸至右前臂内侧，掌心向上。（图2-14-4）

5. 上体左转；两手同时向下，经腹前向左后方划弧后捋，左手举于身体侧后方，与头同高，掌心向上；右臂平屈胸前，掌心向下；重心后移，身体后坐，左腿屈膝，右腿自然伸开。（图2-14-5、图2-14-6）

图2-14-4

图2-14-5

图2-14-6

6. 上体右转，正对前方；左臂屈肘，左手收至胸前，搭于右腕内侧，掌心向前；右前臂仍屈收胸前，两臂撑圆，掌心向内，指尖向左。（图2-14-7）

图2-14-7

7. 重心前移，右腿屈弓，左腿自然蹬直，成右弓步；左手推送右前臂向体前挤出，与肩同高，两臂撑圆。（图2-14-8）

图2-14-8

8. 左手翻转向下；右手经左腕上方向前伸出，掌心也转向下。两手左右分开，与肩同宽、同高。（图2-14-9、图2-14-10）

图2-14-9

图2-14-10

9. 重心后移，上体后坐，左腿屈膝，右脚脚尖翘起；两臂屈收，两手后引，经胸前收至腹前，手心斜向下。（图2-14-11、图2-14-12）

图2-14-11

图2-14-12

10. 重心前移，右脚踏实，右腿屈弓；左腿自然蹬直，成右弓步；两手沿弧线推按至体前，两腕与肩同宽、同高，两掌心向前，指尖向上。（图2-14-13）

图2-14-13

11. 重心后坐，右脚脚尖翘起内扣；右掌向左平收；左掌从面前向右、向下划弧。（图2-14-14）

图2-14-14

12. 右手屈臂抱于胸前，掌心翻转向下；左手划弧下落，屈抱腹前，掌心翻转向上，两手上下相对"抱球"；左脚收至右脚内侧，脚尖点地。（图2-14-15）

图2-14-15

13. 上体微左转，左脚向左前方迈出一步，脚跟轻轻落地。（图2-14-16）

图2-14-16

14. 上体继续左转，重心前移，左脚踏实，左腿屈膝前弓；右腿自然蹬直，成左弓步；两手前后分开，左臂半屈前掤，腕同肩高，掌心向内；右手向下划弧按于右胯旁，掌心向下，指尖向前。（图2-14-17）

图2-14-17

15. 上体稍左转；左手向左前方伸出，掌心转向下；同时，右臂外旋，右手经腹前向上、向前伸至左前臂内侧，掌心向上。（图2 14-18）

图2-14-18

16. 上体右转；两手同时向下，经腹前向右后方划弧后捋，右手举于身体侧后方，与头同高，掌心向上；左臂平屈胸前，掌心向内；重心后移，身体后坐，右腿屈膝，左腿自然伸开。（图2-14-19）

图2-14-19

17. 上体左转，正对前方；右臂屈肘，右手收至胸前，搭于左腕内侧，掌心向前；左前臂仍屈收于胸前，掌心向内，指尖向右。（图2-14-20）

图2-14-20

18. 重心前移，左腿屈弓，右腿自然蹬直，成左弓步；右手推送左前臂向体前挤出，与肩同高，两臂撑圆。（图2-14-21）

19. 左手翻转向下；右手经左腕上方向前伸出，掌心也转向下。两手左右分开，与肩同宽。（图2-14-22、图2-14-23）

图2-14-21

图2-14-22   图2-14-23

20. 重心后移，上体后坐，右腿屈膝，左脚脚尖翘起；两臂屈收，两手后引，经胸前收至腹前，手心斜向下。（图2-14-24、图2-14-25）

图2-14-24

图2-14-25

21. 重心前移，左脚踏实，左腿屈弓，右腿自然蹬直，成左弓步；两手沿弧线推按体前，两腕与肩同宽、同高，两掌心向前，指尖向上。（图2-14-26）

图2-14-26

【要点】

1. 掤出时，两臂前后均保持弧形；分手、松腰、弓腿要协调一致。

2. 下捋时，上体不可前倾，臀部不要凸出；两臂下捋须随腰旋转，仍走弧线。

3. 右脚在身体重心后移时，保持全脚掌着地。

4. 向前挤时，上体要正直。挤的动作要与松腰、弓腿一致。

5. 向前按时，两手须走曲线。完成姿势时，两肘微屈，两腕与肩齐平。

十五、十字手

【练法】

1. 重心右移，上体右转，左脚内扣，右掌向右划弧。（图2-15-1）

2. 身体右转，右脚外展；左掌分于身体左侧；右掌摆至身体右侧，两掌心向外，两肘略屈。（图2-15-2）

图2-15-1

图2-15-2

3. 重心左移，右脚脚尖内扣，上体左转；两掌向下、向内划弧，于腹前两腕相交，两掌合抱，右掌在外，掌心均斜向内。（图2-15-3）

图2-15-3

4. 右脚内收，两脚与肩同宽，脚尖向前，成开立步两腿屈膝。随即上体转正；两掌交叉成斜"十"字形举至胸前，掌心向内。（图2-15-4）

图2-15-4

【要点】

1. 两手分开与合抱时，上体不可前俯。

2. 身体中正，头微上顶，下颌稍收。

3. 两臂环抱时，须圆满舒适、沉肩垂肘。

十六、收势

【练法】

1. 两前臂内旋，两掌边翻转，边平行分开，与肩同宽，掌心向前下。（图2-16-1）

2. 两掌慢慢下落两腿外侧，两腿渐渐伸直。（图2-16-2）

图2-16-1

图2-16-2

3.左脚收至右脚旁，两脚并拢，脚尖向前，身体自然直立。目视前方。（图2-16-3、图2-16-4）

图2-16-3　　　　　　　　　　　　图2-16-4

【要点】

1.双掌下落时，自然放松，慢慢呼气。

2.左脚收回原位后，脚尖先着地，脚跟再落地。